DIESES BUCH GEHÖRT

_____

© 2023 Finn Avery
Coverdesign von: Finn Avery
Illustration von: Finn Avery

ISBN 978-3-384-07707-3

Druck und Distribution im Auftrag des Autors:
Tredition GmbH, Heinz-Beusen-Stieg 5, 22926 Ahrensburg, Germany

Zeitfracht Medien GmbH
Ferdinand-Jühlke-Straße 7
99095 Erfurt, Deutschland
produktsicherheit@kolibri360.de